O reformador de *almas*

EDITORA EME

Solicite nosso catálogo completo, com mais de 400 títulos, onde você encontra as melhores opções do bom livro espírita: literatura infantojuvenil, contos, obras biográficas e de autoajuda, mensagens espirituais, romances, estudos doutrinários, obras básicas de Allan Kardec, e mais os esclarecedores cursos e estudos para aplicação no centro espírita - iniciação, mediunidade, reuniões mediúnicas, oratória, desobsessão, fluidos e passes.

E caso não encontre os nossos livros na livraria de sua preferência, solicite o endereço de nosso distribuidor mais próximo de você.

Edição e distribuição

EDITORA EME

Caixa Postal 1820 - CEP 13360-000 - Capivari-SP
Telefones: (19) 3491-7000 | 3491-5449
Vivo (19) 9 9983-2575 | Claro (19) 9 9317-2800
vendas@editoraeme.com.br - www.editoraeme.com.br

ARIOVALDO CAVARZAN

O reformador de almas

CAPIVARI-SP • 2021

A Editora EME mantém o Centro Espírita "Mensagem de Esperança" e patrocina, junto com outras empresas, instituições de atendimento social de Capivari-SP.

1ª edição - fevereiro/2021 - 2.000 exemplares

CAPA | Marco Melo
PROJETO GRÁFICO E DIAGRAMAÇÃO | Joyce Ferreira
REVISÃO | Editora EME
FOTOGRAFIA ORELHA | Renata Cotrim/Apabex

Ficha catalográfica

Cavarzan, Ariovaldo, 1945
O reformador de almas / Ariovaldo Cavarzan - 1ª ed. fev. 2021 - Capivari, SP: Editora EME.
88p.

ISBN 978-65-5543-022-6

1. Mediunidade. 2. Intuição. 3. Poemas espíritas. 4. Autoajuda. I. TÍTULO

CDD 133.9

Sumário

Prefácio

A esperança é uma fortuna, de natureza divina, que a fé recebe no Banco da Providência Divina.

Meimei **(Chico Xavier) –**
Roseiral de luz – UEM

ARIOVALDO E O CRISTO

AS PÁGINAS QUE seguem sempre me comoveram quando eu as lia na internet, então convidei o poeta e escritor Ariovaldo Cavarzan[1] para reuni-las numa publicação, para atingir mais diretamente os corações dos leitores.

Os temas tratados são a realidade do espírito (que precede esta existência física), a espiritualidade como um caminho de vida, Jesus, Deus... temas que representam energia e força para todos nós que buscamos o progresso íntimo e desejamos ver no futuro a Terra renovada e habitada por uma humanidade melhor do que a nossa, porque é da Lei que evoluamos.

A esperança é uma conquista de almas puras, como Jesus, que veio desprendido de tudo e de todos, para reformar os costumes e tradições que distanciavam os filhos do Pai.

As muitas revelações que o Mestre trouxe, como a prova da imortalidade, a pluralidade das existências e dos mundos, a comunicação com os espíritos, não eram ensinadas em templos suntuosos; as orientações eram feitas nas praias, nos montes e nos campos; de outras vezes aconteciam em casas e barcos; e a restituição à saúde das criaturas era dada por ele sem exigência de contrapartida, nem mesmo de segui-lo, atendendo indiscriminadamente os oprimidos, enfermos e obsidiados.

Reformar é corrigir os propósitos de vida na Terra em busca de viver o bem na amplitude das ações e se aproximar do Reino dos Céus, entendendo que das sementes plantadas em favor do próximo encontraremos a nossa própria felicidade e harmonia.

O missionário que não envelheceu nos legou preciosas atitudes que são necessárias praticar. Jesus disse que devemos perdoar setenta vezes sete, ou seja, multiplicar o perdão. Também podemos subtrair (a carga que carregamos de mágoa), perdoando a cada ofensa.

Somar é correto quando nos unimos ao voluntariado. Assim vamos aprendendo a fazer as coisas uma de cada vez, e selecionando: primeiro as primeiras coisas... da vida espiritual e da fraternidade.

E dividir é fundamental: as dádivas que recebemos, como o dom da vida e dos bens. Assim também é o amor: é dividindo que multiplicamos a bondade e a solidariedade humana.

Jesus se identificou como tutor de nossa casa, o planeta Terra, e desde tempos remotos cuida dessa família que é a humanidade terrena. Sua mensagem continua crescendo, atravessando milênios, e sua história de vida é a esperança das pessoas e a luz do futuro.

Essa figura e suas mensagens

são resgatadas e reavivadas nestas páginas que ora trazemos a você, leitor.

Arnaldo Divo Rodrigues de Camargo,
diretor da Editora EME

1 Ariovaldo Cavarzan é autor de cinco livros publicados pela Editora EME, sendo três em parceria com Geziel Andrade. Casado com Elza Lúcia, tem dois filhos, André Renato, casado com Heloiza Helena, e Mauro Alexandre. Foi administrador do Banespa - Banco do Estado de São Paulo S/A., onde se aposentou. É um dos fundadores e atual diretor presidente da Apabex - Associação de Pais Banespianos de Excepcionais, que é uma entidade sem fins lucrativos, criada em 1985 por funcionários do Banespa, para promover atendimento especializado a pessoas com deficiência.

Simplesmente rótulos

Donde venho? Das eras remotíssimas,
Das substâncias elementaríssimas,
Emergindo das cósmicas matérias.
Venho dos invisíveis protozoários,
Da confusão dos seres embrionários,
Das células primevas, das bactérias.

Augusto dos Anjos **(Chico Xavier) -**
Parnaso de Além-Túmulo - FEB

ALMA PEREGRINA, QUE bom tê-la reencontrado no caminho.

Somos viajores da estrada da vida, caminhando em busca do aprendizado, da iluminação interior, da felicidade e da paz.

Quando o Altíssimo soprou-nos a vida, tornando-nos espíritos revestidos de um corpo, afagou-nos um pouco a cabeça, sorriu com mansuetude e sussurrou ao nosso ouvido:

"Vai, filho, segue o teu caminho, que Eu estarei aqui, esperando a tua volta.

Não demores muito.

Conheço os percalços, os espinhos, as quedas, os recomeços, as aflições, os tropeços, as angústias e os sofrimentos do caminho, porque coloquei neles ingredientes capazes de enfeitar-te o coração, com os valores da sabedoria, do bem, do amor e da fraternidade, únicos capazes de abreviar-te a jornada e trazer-te logo de volta para Mim.

Preciso muito de ti, do teu bom ânimo e da tua esperança, a fim de que, à maneira do bom samaritano, cuja história um dia te será contada por Meu outro filho querido, venhas de regresso ao Meu regaço, estendendo braços, mãos e coração no rumo dos tantos outros peregrinos, para soerguer-lhes a esperança e a capacidade de sonhar e perseverar na caminhada.

Vai, alma querida.

Guarda em teu coração os tesouros da fé e os dons insubstituíveis da espiritualidade e do amor.

A boa pavimentação do caminho de volta, dependerá de ti.

À medida em que o tempo passar, habitua-te a não colher as flores que vicejarão ao teu redor, mas sim a continuar espalhando as sementes guardadas no teu coração, de forma que possas sempre contemplar o jardim que se formará à tua retaguarda.

Crenças são simples rótulos.

Mas Eu reconheço, de pronto, o conteúdo que as embalagens apenas tentam revelar.

As almas criadas por Mim são concebidas todas iguais, porque se não fosse assim, de que forma o seu sofrimento, as suas dificuldades, a sua maior ou menor liberdade conseguiriam confirmar a lei de ação e reação, causa e efeito e os ideais de justiça e paz que disseminei, para reger e equilibrar o todo universal, em seus recônditos mais distantes?

De que forma poderiam personificar o Meu infinito amor, de Pai e Criador?

Iguais, sim, porém com livre-arbítrio, para que se manifestem onde estiverem, desta ou daquela maneira, diante das escolhas e dos desafios que somente uma caminhada pela vida física é capaz de proporcionar.

Quando te sentires vergado ante o peso da injustiça, abatido, triste e desesperançado, lembra-te de que a conquista da paz é tarefa reservada aos perseverantes, aos valorosos e aos bons, exatamente aqueles que, com sacrifício e dor, já tiverem experimentado as supremas lições do amor, da solidariedade, do perdão, do cálice de fel que desce escaldante, da tristeza infinita e do dever retamente cumprido.

Rótulos, apenas rótulos.

Assim são as crenças que tentarão envolver-te.

Mas Eu saberei reconhecer, de pronto, o conteúdo que tiveres guardado em teu coração.

Não te quero com disfarce de lobo em pele de cordeiro.

Portanto, deixo-te o desafio da sinceridade.

Creia, creia sempre.

Tenha muita fé e esperança no amanhã, em Mim e no Meu infinito amor por ti."

A sentença

Disse-lhe Jesus: Porque me viste,
Tomé, creste; bem-aventurados os
que não viram e creram.
Jesus **(João 20:29)**

Onde estávamos, quando
  a multidão referendou
  a sentença,
impingindo a crucificação?

Testemunhas das promessas do
  iluminado sermão,
espreitávamos em
  desvãos, fingindo
  distância, indiferença.

Quais Judas dissimulados,
  nossas túnicas camuflavam
o martelo que faria vibrar
  o madeiro,
ao trespasse da lancinante dor.

Porventura quedamos rendidos
à emoção,
ante a sudorese de sangue e sal,
a escorrer pela face
do condenado,
ao aprumo de espinhos,
por sobre sua divina fronte?

Aos albores de novos dias,
a paixão segue ecoando o
vigor da doce mensagem,
feito melodia a nos ajudar a
levar cruzes,
em calvários de esperança.

Restam vestígios de
bom ânimo,
de sincera lembrança,
bondades semeadas em
canteiros de fé,
soerguendo frontes
para o vislumbre do amanhã.

Ressurreição sobrevinda
à morte.
Sobrevivência
demarcando redenção.
Fim a preceder novo norte.
Vida reviva, impressa em
painel de coração.

Reforma, renovação,
fraternidade, amor verdadeiro,
de irmão para irmão,
acolhida, afeto, partilha,
perdão.

Reinício de jornada.
Sentença de esperança e luz.

Paz resumida
na presença ressurreta
de Jesus.

A pedra afastada

Disse-lhe Jesus: Não me toques,
ainda não subi ao Pai. Mas vai a
meus irmãos e diz-lhes: Subo para
meu Pai e vosso Pai, para
meu Deus e vosso Deus.
Era Maria Madalena e disse aos
discípulos que vira o Senhor e
que dissera estas palavras.
João 20:17-18

Não mais a turba enfezada,
A populacha, a multidão,
A agressão tresloucada,
O clamor, a crucificação.

Ora a paz no
  sepulcro entreaberto,
A vibração de amor,
  a ressurreição.

A morte, no vão da
pedra enquistada,
Transmudou-se em vida
iluminada
A gravitar em
pulsantes lampejos,
Espancando a escuridão.

Alcandorada alma levita,
Por sobre o fundo grotão,
Rogando ao Pai compaixão,
Em perdão à humana desdita,
Por carência de amor
no coração.

Sublimes mãos que se exalçam,
Sob nuvens de algodão,
Ascendendo ao firmamento,
Em mansuetude e perdão.

Num até sempre acenado,
Sem tristeza e sem adeus,
Regressa, enfim, o filho amado,
Aos amorosos braços de Deus.

Vida em martírio vivida,
Em tristeza, em solidão,
Amor ressumbrado e vertido,
Na cruz, em infinda paixão.

Suave brisa farfalha o
  etéreo manto,
Feito sopro de carinho,
Em madeixas de irmão
  do caminho,
Fazendo secar todo o pranto.

Vida reviva em verdade,
Fraternal legado, doação,
Amor que excede a maldade,
Imortalidade sobrevinda
à aflição,
Luz reacesa na escuridão.

Havia um corpo ali.

Pelo vão da pedra afastada,
Deixou-se evolar a luz,
Em lição eternal recitada,
Pelo divino mestre, Jesus.

Contrição

Chegada, pois, a tarde daquele dia,
o primeiro da semana, e cerradas
as portas onde os discípulos, com
medo dos judeus, se tinham
ajuntado, chegou Jesus, e pôs-se
no meio, e disse-lhes:
Paz seja convosco.
João 20:19

No silêncio da oração,
Venho agradecer-te, Jesus,
Por teu nascimento,
Vida e morte,
Em martírio,
Na cruz.

Obrigado, Jesus,
Por te fazeres fanal e conforto
Aos caminhantes
Das escarpadas sendas da vida,
Órfãos de um ombro
Em que repousar medos
E chorar desilusões,
De ouvir palavra amiga,
De soluçar tristezas,
E espantar solidões.

Obrigado, pelo cotidiano
tormento
De tenebrosas semanas santas,
Em que vagueiam
almas contritas,
Por calvários e gólgotas,
Reféns de violência e desvario,
Em infindáveis noites de frio
E em dias desajeitados e vazios,
Sem ter em que se abrigar
E sem poder a dor
Que sentem no peito acalmar.

Obrigado por teus exemplos
De amor e perseverança,
De humildade e perdão,
De devoção a um ideal,
Porque eles nos fortalecem
Ante os apelos do mal.

Obrigado, Jesus,
Por teu sacrifício na cruz,
Eis que dele se fez acender
Da imortalidade a luz,
Aclarando vidas,
Hoje vividas em dor,
Até que amanhã se renovem
Iluminadas de amor...

Obrigado pela inolvidável lição
De tua ressurreição...

Obrigado, Jesus!

Ascese

Cada dia que amanhece assemelha-se
a uma página em branco, na qual
gravamos os nossos pensamentos,
ações e atitudes. Na essência,
cada dia é a preparação de nosso
próprio amanhã.

....

Tudo tem seu apogeu e seu
declínio... É natural que seja
assim, todavia, quando tudo
parece convergir para o que
supomos o nada, eis que a vida
ressurge, triunfante e bela!
Novas folhas, novas flores, na
infinita bênção do recomeço!

Chico Xavier

Viajo em desvãos do infinito,
Ora fazendo alarde e ora
abafando o grito,
Feito aluvião que se
esvai, inaudito,
Em irremediável desvario,
Arrastando consigo beira
de rio.

Sou centelha divina,
Imortal chama inteligente,
Preexistente ao meu corpo
E a ele sobrevivente,
No derradeiro instante da sina.

Singro vagas contritas,
Sensível aos lances da lida,
Amparando-me em
chispas benditas.

Montanhas ecoam silêncios
De indigentes afetos idos,
Relegados ao léu
dos desfiladeiros.

Corações aflitos acendem velas
De bem evocadas saudades,
Crepitando soluços de
ternas vontades,
Evolados em preces, iguais
a aquarelas.

Feito fagulha imortal,
Imperturbável sigo
meu caminho,
Vogando recônditos de paz
e aflições,
Em rascunhos de
infindas paixões,
Sem jamais sentir-me sozinho.

Muitos sóis já aqueceram
meus dias;
A muitas estrelas declarei
serem minhas
E a muitas luas já revelei
meu amor.

Sou imorredoura e
imperturbável flama,
Divina e inteligente chama,
Que faz ofegar um
coração renitente,
À espera, tão só, do instante,
De outra vez ao
infindo ascender,
Penitente.

Essência

Para a vida da alma, as existências
sucessivas serão o que os anos são
para a vida do corpo.
Allan Kardec

De priscas eras sou viajor.
Fui retirado de um todo
E convertido em rastilho,
Incandescido ao sopro
do Criador.

Espraio-me por entre mundos,
Ora irradiando luz,
Ora ofegando ao peso da cruz.

Sou corisco capilarizado,
Seguindo em linha reta,
Ou ensandecido em
desvios laterais,
Como se fossem teias,
Ou sangue que corre nas veias,
Quais rabiscos serelepes de luz,
Esculpindo gráficos iluminados
Em matrizes de escuridão.

Cada viagem minha,
Comparada à eternidade,
É átimo de faísca elétrica,
Ou de relâmpago que
fende nuvens,
Iluminando a vastidão.

Meu corpo é roupa emprestada,
A ser desvestida ao final de
cada jornada.

Sou hóspede e aprendiz
da vida,
Buscando imprimir bom jeito
Às coisas da lida,
Para tornar cheio de paz
O meu peito.

Sou centelha divina,
Minha essência é o amor.

Sou laço, abraço,
Alma, espírito, paixão.

Sou coração.

O encantador da plebe

E a multidão dizia: Este é Jesus, o
profeta de Nazaré da Galileia

(Mateus, 21:11)

UM DOS ASPECTOS mais fascinantes da figura inolvidável de Jesus, era a sua capacidade de monopolizar as atenções de todos quantos dele se acercavam, para ouvir-lhe as mensagens de esperança e consolação.

As paisagens agrestes da Palestina e da Judeia proporcionavam o cenário ideal para alguém como ele, disposto a entregar-se a longas peregrinações, levando a mensagem do reino de Deus e falando da necessidade da transformação dos homens para o bem, único caminho capaz de proporcionar-lhes as bem-aventuranças futuras.

Às vezes contava histórias, propondo parábolas; outras, usava um tom mais incisivo e direto.

Parecia um verdadeiro encantador da plebe, constantemente rodeado pelos simples e pelos enfermos; pelos desesperançados e pelos tristes e pelos injuriados e perseguidos, entre os quais ele próprio acabou sendo incluído.

A todos Jesus abraçava e consolava, curava e abençoava.

Se era dura a realidade em que se achavam inseridos, não havia razão para deixarem de crer, amar, perdoar e esperar.

Foi essa, na verdade, a grande missão do Cristo, o filho de Deus.

Na sociedade de então, repleta de contradições e desigualdades, prevaleciam os interesses da classe social dominante, enquistada no poder, assunto que os próprios pensadores do futuro haveriam de esmiuçar.

Os poderosos de então se subdividiam entre *fariseus,* fanáticos e tradicionalistas; *escribas,* teólogos eruditos das sagradas escrituras; *saduceus,* extremamente conservadores e oportunistas; *velhos*, ricos e altos funcionários da burocracia de Jerusalém; *herodianos*, políticos partidários do fim da dominação romana, e finalmente as próprias forças de ocupação: os *romanos*.

De repente, a figura carismática do Mestre, em sua capacidade de arregimentar multidões ao seu redor, passou a ser encarada como um sério perigo para a manutenção do *status quo* vigente.

Todos estavam felizes com os privilégios do poder.

Cada um à sua maneira e reservadas as divergências de ordem político-institucional existentes entre eles, identificavam-se apenas no desejo comum de interromper a trajetória daquele messias que falava com tamanha familiaridade e acatamento à grande legião de deserdados da sorte que o acompanhavam.

Uma condenação sem provas

Se a vossa justiça não exceder a dos
escribas e fariseus, de modo algum
entrareis no reino dos céus.

(Mateus, 5:20)

NÃO FORAM POUCAS as tentativas de flagrar Jesus num ato, ou numa simples declaração que contrariasse os interesses do imperador romano.

Partiam da suspeita de que o Mestre pregava a subversão, sendo contrário ao pagamento de impostos e com sérias pretensões de assumir o poder, o que fazia tremer os que oprimiam o povo.

Todos receavam sua autoridade moral ao criticar os escribas, os fariseus e os que exploravam negócios no templo.

Algumas dessas críticas, quando interpretadas erroneamente, poderiam causar mal-entendidos, como consta na narrativa de Lucas, 12:51: *"Vim trazer a ruptura"*; e em Mateus, 10:34: *"Não vim trazer a paz, mas sim a espada"*.

Havia ainda o ingrediente intrigante representado pelo jeito de Jesus ensinar e interpretar a lei, falando das coisas do céu, sem apelar para nenhuma instância intermediária. Por outro lado, tolerava em sua companhia pessoas de todos os tipos, de doentes a bandidos, de homens de bom caráter a assassinos cruéis.

O Mestre desconcertava.

E todos queriam descobrir os seus segredos e a origem da autoridade moral que, às vezes, o colocava acima dos próprios profetas que haviam pregado antes dele.

Por exemplo, quando dizia "*Ouvistes que foi dito aos antigos: não matarás* (Moisés); *eu porém vos digo: amai os vossos inimigos: bendizei os que vos ofendem e orai pelos que vos perseguem e caluniam*".

Essas recomendações modificavam radicalmente a determinação mosaica anterior.

É fora de dúvida que, ao cristão, não é lícito tirar a vida de seu irmão, mas amar e perdoar os inimigos era algo surpreendentemente novo para os costumes de então.

E Jesus não titubeou em propor esse desafio à transformação interior de cada um daqueles que se maravilhavam com as suas palavras. Mas os fanáticos religiosos e os desejosos de poder, embora divididos entre si, uniram-se contra o Mestre, e decidiram liquidá-lo, pois, além de tudo, ele ainda se arvorava em não dar-

-lhes apoio em suas pretensões de rebelião contra a dominação romana.

E por ter-se tornado um "perigo" para a ordem estabelecida, intentavam contra ele a prisão e um processo sumário.

Mas Jesus prosseguia sereno em sua missão, ora curando enfermos e ora ensinando a Boa Nova do reino dos céus.

Não foram poucas as tentativas de pegá-lo em algum gesto, atitude ou mensagem comprometedora. Porém, sua popularidade era um sério impedimento para tais investidas. Havia também a solidariedade e as preocupações de seus discípulos diletos, companheiros nas inesquecíveis jornadas através das sendas poeirentas dos lugares visitados pelo Mestre.

Até que Judas, um dos doze discípulos, resolveu trair o Cristo pelo preço de um escravo (30 denários de prata), indicando o local onde poderia ser preso, sem provocar tumulto popular.

Foi no Jardim das Oliveiras.

Jesus se encontrava ali em meditação.

Preso, foi conduzido ao palácio do sumo sacerdote, Caifás, onde passou a noite, até que o Sinédrio pudesse se reunir, no dia seguinte, para dar encaminhamento ao processo contra ele.

Foi escarnecido, esbofeteado, cuspido no rosto e torturado, a noite inteira, como se estivesse sendo submetido aos horrores de sessões de tortura.

Após depoimentos de "testemunhas" e inverdades lidas do relatório inquisitorial elaborado por Anás, sogro de Caifás e antigo sumo sacerdote, levantaram contra ele diversas acusações infundadas, tendo sido declarado réu de morte pelos setenta e um membros do Sinédrio.

A etapa seguinte, levou-o ao processo político, frente ao governador romano Pôncio Pilatos, a quem caberia ratificar a decisão.

Pilatos o encaminhou a Herodes, tetrarca da Galileia, para que proferisse a sentença final. Herodes o devolveu a Pilatos, vestido de "rei de paródia".

Pilatos logo percebeu que estava diante não de um revolucionário político, ou algum presunçoso que quisesse se colocar contra os romanos. Talvez fosse um ingênuo sonhador religioso, nada mais que isso. E efetuou três tentativas para livrá-lo da morte, frente à multidão que gritava, frenética: *"Crucifica-o, crucifica-o!"*

E entregou-o para o martírio final.

Elohi, Elohi, lama sabachthani?

Meu Deus, meu Deus, por que
me abandonaste?
(Mateus, 27:46)

Bem-aventurados os que sofrem perseguição por causa da justiça, porque deles é o reino dos céus.

(Mateus 5:10)

SEGUNDO O ANTIGO costume romano, geralmente apenas escravos e rebeldes eram condenados à morte na cruz, que era o mais bárbaro e terrível castigo, precedido de flagelo, sem misericórdia.

Jesus guardava uma relação de intimidade sem paralelos com o Pai, em nome de quem pregava o reino dos céus.

Mas, esse Pai de misericórdia abandonou-o, segundo sua própria expressão.

Embora isso, manteve sua fidelidade de filho, até o último momento, amargando a solidão e o abandono absoluto em que se encontrava, preso ao madeiro infamante da cruz.

"Meu Deus, meu Deus...", bradou, antes de expirar e finalmente entregar-se, até que chegasse o domingo radioso da ressurreição, legando-nos a mais significativa de todas as suas mensagens; a de que ninguém morre, de vez que a morte não passa de uma etapa na vida imortal do espírito, criado por Deus para a perfeição, adquirida através da

superação dos desafios e dificuldades da caminhada.

Contava 33 anos de idade.

Era sexta-feira.

O reformador de almas

Reconcilia-te sem demora com o teu
adversário, enquanto estás a
caminho com ele...

***Jesus* (Mateus, 5:25)**

A MORTE NÃO apagou o rastro luminoso da vida de Jesus, da mesma forma como não elimina os sinais de bondade que as almas boas espalham em sua passagem pela vida.

Suas palavras e exemplos ressoam, até hoje, empolgando os nossos sentimentos de cristãos verdadeiros.

A grande revolução que ele pregava, consiste na reforma íntima do indivíduo, para o bem; a morte do homem velho, para que sobrevenha o novo.

Aos valores morais do passado, o Mestre contrapunha as luzes da vida eterna.

Não mais o *"olho por olho, dente por dente"*, de Moisés, mas o *"Amai-vos uns aos outros"*, o *"A quem lhe bater numa das faces, oferece-lhe também a outra"*; *"A quem lhe pedir a túnica, dá-lhe também o casaco"*: *"Batei e abrir-se-vos-á; buscai e achareis; pedi e dar-se-vos-á..."*

E no inolvidável Sermão da Montanha, espargiu para todo o sempre, à maneira de chuva de bênçãos, as bem-aventuranças do reino dos céus, para concluir dizendo:

"Vós que estais cansados, maltratados, abandonados e oprimidos, vinde a mim! Eu vos aliviarei!..."

Foi essa a "revolução" que Jesus pregou.

Esse é o seu caráter inovador.

E é assim que nós o conhecemos.

Na verdade um grande amigo que jornadeou por este vale de lágrimas, há mais de dois mil anos.

Um revolucionário do espírito.

Um artífice do amor e da verdade.

Um autêntico reformador de almas.

Texto básico:

"O sentido da morte de Jesus", do livro "Jesus Cristo Libertador", de Leonardo Boff, Vozes Editora.

VOCÊ PRECISA CONHECER

Mensagens de saúde espiritual

Wilson Garcia e diversos autores

Mensagens/Autoajuda • 10x14 cm • 124 pp.

Com mensagens que auxiliam na sustentação do nível vibratório elevado, este livro busca acalentar corações, levar paz e tranquilidade a qualquer pessoa, sã ou enferma, do corpo ou da alma, e fazer desabrochar a flor da solidariedade em muitos espíritos encarnados.

Memórias do padre Germano

Amália Domingo Sóler (organizadora)

Romance mediúnico • 15,5x22,5 cm • 368 pp.

Inspirador e comovente, ***Memórias do padre Germano*** é o inestimável diário de um sacerdote que soube honrar sua missão na Terra, servindo, em nome de Deus, a todos aqueles que cruzaram seu caminho.

A vingança do judeu

Vera Kryzhanovskaia •
J. W. Rochester (espírito)
Romance mediúnico • 16x22,5 cm • 424 pp.

O clássico romance de Rochester agora pela EME, com nova tradução, retrata em cativante história de amor e ódio, os terríveis fatos causados pelos preconceitos de raça, classe social e fortuna e mostra ao leitor a influência benéfica exercida pelo espiritismo sobre a sociedade.

Getúlio Vargas em dois mundos

Wanda A. Canutti •
Eça de Queirós (espírito)
Romance mediúnico • 16x22,5 cm • 344 pp.

Getúlio Vargas realmente suicidou-se? Como foi sua recepção no mundo espiritual? Qual o conteúdo da nova carta à nação, escrita após sua desencarnação? Saiba as respostas para estas e outras perguntas, agora em uma nova edição, com nova capa, novo f ormato e novo projeto gráfico.